Christian Möller

Adel gegen Monarchie - Die Adelskriege in Uganda im 19. Jahrhundert

GRIN Verlag

Christian Möller M.A.

Adel gegen Monarchie:

Die Adelskriege in Uganda

im 19. Jahrhundert

Referat für das Seminar

„Feudalismus in Afrika"

Historisches Seminar der Universität Hannover, 2. Februar 1994

Inhaltsverzeichnis

Bibliografische Information der Deutschen Nationalbibliothek:

Die Deutsche Bibliothek verzeichnet diese Publikation in der Deutschen National-
bibliografie; detaillierte bibliografische Daten sind im Internet über http://dnb.d-
nb.de/ abrufbar.

Impressum:

Copyright © 1994 GRIN Verlag GmbH
Druck und Bindung: Books on Demand GmbH, Norderstedt Germany
ISBN: 978-3-656-75862-4

Dieses Buch bei GRIN:

http://www.grin.com/de/e-book/111037/adel-gegen-monarchie-die-adelskriege-in-
uganda-im-19-jahrhundert

Vorwort

Am 18. Juni 1894 erklärte Großbritannien das Königreich *Buganda* zum Protektorat und gab ihm den Namen *Uganda*.[1] In der Folgezeit vergrößerte sich *Uganda* durch den Anschluss der Königreiche *Bunyoro, Toro, Ankole, Lango, Busoga* und *Teso* wesentlich. Bis heute besetzen die *Baganda* wichtige Posten und Ämter, worin sich die einstige Macht des jahrhundertealten Königreiches in der Zwischenseenregion spiegelt.[2]

Im Folgenden soll untersucht werden, wie es zu dem Konflikt zwischen dem Adel und dem König (*Kabaka*) kam, der letztendlich zur Entstehung des Protektorats führte.

---

[1] Vgl. Füsser, Wilhelm-Karl: Vorkoloniale Gesellschaftsstrukturen und Sklaverei: das Beispiel Buganda, in: Dillmann, Bley, u. a.: Sklaverei in Afrika, Bd. 2, Pfaffenweiler 1991, S. 135 (im Folgenden: Füsser, Wilhelm-Karl: Sklaverei).

Teil I: Ausbau der Macht des Königs

1. Entstehung des Königreiches Buganda

Seit dem 14. Jahrhundert gab es in dem Kernland des späteren *Buganda* große Wanderungsbewegungen von sowohl ackerbau- als auch viehzuchttreibenden Stämmen. Von den bereits sesshaften Stämmen wurden diese integriert und es bildeten sich autonom in geschlossenen Siedlungseinheiten lebende *clans*.[3] An der Spitze der *clans* standen die *clan-heads* (*Bataka*), die von allen Mitgliedern des *clans* gewählt wurden, ihrer Kontrolle unterstanden und jederzeit absetzbar waren. Ihre Aufgaben waren die Überwachung einer sinnvollen Nutzung des Gemeineigentums an Land und Vieh als ökonomische Basis, Beilegung von Streitigkeiten sowie religiöse und zeremonielle Aufgaben.[4]

In der folgenden Zeit kam es aufgrund des äußeren Drucks durch bereits konsolidierte Nachbarländer, z. B. *Bunyoro*[5], auf die einzelnen *clans*, zur Bildung einer lockeren *clan*-Konföderation. An ihrer Spitze stand der *Sebataka*[6], dessen Macht ähnlich den *Bataka* begrenzt war. Seine Aufgabe war die gemeinsame Verteidigung gegen äußere Feinde und die Regelung der Beziehungen untereinander.

Während die *Baganda*-Überlieferung in diesem Zusammenhang von der Einigung der *clans* als Werk des ersten *Kabaka Kintu* berichtet, muss man eher davon ausgehen, dass der gesamte Prozess der Herausbildung eines Königtums mehrere Jahrhunderte in Anspruch nahm.[7]

---

[2] Vgl. Kasfir, Nelson: Uganda, in: The Academic American Encyclopedia (Electronic Version), Grolier, Inc., Danbury, CT., 1992; Füsser, Wilhelm-Karl, Sklaverei, S. 120.

[3] Siehe Füsser, Wilhelm-Karl: Rebellion in Buganda. Eine Staatskrise im vorkolonialen Ostafrika, Bd. II, Bibliothek Afrikanische Geschichte, 1. Auflage, Hamburg 1989, S. 28 (im Folgenden: Füsser, Wilhelm-Karl: Rebellion).

[4] Füsser, Wilhelm-Karl: Rebellion, S. 28; Rusch, Walter: Klassen und Staat in Buganda vor der Kolonialzeit, Berlin (Ost) 1975, S. 322.

[5] Rusch, Walter: Ebenda, S. 323.

[6] Ebenda, S. 323.

[7] Vgl. Rusch, Walter: Ebenda, S. 323 und Kiwanuka, Semakula: A history of Buganda. From the foundation of the kingdom to 1900, London 1971, S. 93. Der Autor beruft sich auf die Zeit von 1300 bis 1500.

2. Schaffung eines Verwaltungssystems

Zwischen dem 15. und 17. Jahrhundert kam es zu einer Veränderung der Gesellschaftsstrukturen, in dessen Verlauf die *clans* in *lineages* (*siga*) und *sub-lineages* (*mutuba*) auseinanderbrachen. Grund hierfür war ein Bevölkerungswachstum und eine damit einhergehende Landknappheit. So wanderten ganze *clan*-Teile in noch unbewohnte Gegenden, was eine einheitliche Verwaltung des Landes unmöglich machte, und der Besitz an Grund und Boden nunmehr an die einzelnen Gruppen fiel.[8]

Die so entstehende Vermischung der *clans* untereinander machte die Schaffung eines neuen Verwaltungssystems auf territorialer Grundlage notwendig. Die in der Konföderation entstehenden Posten und Ämter wurden von den *clan*-Oberhäuptern (*Bataka*) an sich gerissen, ihre Macht und ihr Reichtum wuchsen, und es entstand eine Art Adelsschicht, die in zunehmenden Maße über den ehemaligen Gemeinbesitz verfügte.[9]

3. Kampf um die Macht

Die Ämter waren innerhalb des *clans* erblich. Ebenso waren die Ämter bei Hofe des *Kabakas* fest in den Händen der *clans*, *siga* und *mutuba*. Dies bedeutete die Abhängigkeit des *Kabakas* vom Gentiladel.[10]

Die *clans* waren patrilinear, während die königliche Familie matrilinear organisiert war. Da der *Kabaka* mehrere Frauen aus verschiedenen *clans* hatte, konnte jeder *clan* auf die Stellung des Thronfolgers hoffen. Der damit verbundene Macht- und Prestigezuwachs führte zu blutigen Fehden zwischen den *clans*. Dieser Konkurrenzkampf, gaben dem *Kabaka* schließlich die Möglichkeit in das Erbfolgesystem aktiv einzugreifen.[11] So war *Mutebi* der erste König, der effektiv in die Erbfolgeregelung eingriff, was zum ersten großen Konflikt zwischen dem König und den *clan-heads* führte.[12] Trotz des Widerstandes der *clan-heads*, die ihre alten Privilegien zu verteidigen hatten, gelang es *Mutebi* seine eigenen Kandidaten in Ämter einzusetzen.

---

[8] Füsser, Wilhelm-Karl: Rebellion, S. 30
[9] Ebenda, S. 31f.
[10] Ebenda, S. 32.
[11] Rusch, Walter: Ebenda, S. 325.

Laut Kiwanuka soll er die *chiefs* der Bezirke *Busujju* und *Singo* unter dem Vorwand der Verschwörung abgesetzt und seine eigenen Günstlinge eingesetzt haben.[13] Die Ziele des *Kabaka* und der *clan-heads* traten immer deutlicher hervor: Während der *Kabaka* versuchte, sich der Kontrolle der *clan-heads* zu entziehen und Herrschaft über das gesamte Land zu erlangen, strebten die *clan-heads* ihrerseits eine vom *Kabaka* unabhängige Kontrolle über das gesamte Land an.[14] Jedoch war es der *Kabaka*, dem es gelang, nach und nach seine Macht stetig auszubauen. *„But from about 1700 to 1825 practically every successor to the Buganda throne had to fight for it [...]"*[15], was daran lag, dass die *chiefs* nur einen seiner Rivalen - es gab meistens mehrere erbberechtigte Prinzen - zu unterstützen brauchten, um den *Kabaka* zu stürzen. *„From the beginning of the eighteenth century one notices a growing tendency towards violence and civil strife."*[16] Es wurden Könige gestürzt und Intrigen gegen Nachfolger gesponnen. *„[...] Kiganda society concealed a life of fear and anxiety [...]"*[17], trotzdem wurde *Buganda* ein stark zentralisiertes Königreich.

Mit der Schaffung neuer Ämter gelang es dem *Kabaka* schließlich, einen Konkurrenzkampf zwischen den *Bataka* zu entfachen, die sich um der Posten Willen seinen Interessen zu beugen hatten.[18] Mit der Einsetzung von *Bakungu* und *Batongole* schuf der *Kabaka* eine neue Schicht von Amtsadel, der durch den Erhalt von nichterblichen Amtsländereien von ihm abhängig war, d. h. nach Ausscheiden aus dem Amt mussten sie ihre Ländereien wieder an den *Kabaka* abgeben.[19] Überdies mussten sie die meiste Zeit des Jahres am Hofe des *Kabaka* leben, da fast täglich Sitzungen der Ratsversammlung (*Lukiko*) stattfanden. In diesem Rat saßen ferner die beiden wichtigsten Beamten, der *Katikiro* - als oberster weltlicher Beamte - und der *Kimbugwe* - als oberster religiöser Beamte.[20] Es wurden alle politischen und administrativen Belange behandelt, ohne dass die Mitglieder großen Einfluss auf die nur vom *Kabaka* gemachten Vorschläge gehabt haben dürften.

---

[12] Kiwanuka, Semakula: Ebenda, S. 100.
[13] Ebenda, S. 101.
[14] Füsser, Wilhelm-Karl: Rebellion, S. 34.
[15] Kiwanuka, Semakula: Ebenda, S. 131.
[16] Ebenda, S. 154.
[17] Ebenda, S. 154.
[18] Füsser, Wilhelm-Karl: Rebellion, S. 36.
[19] Rusch, Walter: Ebenda, S. 325.
[20] Füsser, Wilhelm-Karl: Rebellion, S. 50..

Zwar besaßen sie das Recht Einspruch zu erheben und Kritik zu üben, doch sollte in diesem Zusammenhang nicht vergessen werden, dass sie vom Herrscher abhängig waren.[21] In der Literatur gibt es dazu verschiedene Meinungen: die einen gehen davon aus, dass der König nicht rechtlich an die Zustimmung seines Rates gebunden war, jedoch jederzeit absetzbar war. Die anderen schreiben, dass seine Macht absolut war.[22] Meiner Meinung nach hing die Einflussnahme des Adels in der *Lukiko* auf den *Kabaka* von der Beziehung zu seinen Beamten ab. Es ist anzunehmen, dass der König wenigstens einen Vertrauten unter den Beamten hatte, auf dessen Rat er Wert legte, und der somit gewissen Einfluss auf ihn ausüben konnte. Wahrscheinlich handelte es sich hierbei um den *Katikiro*, den *Kimbugwe* oder wahrscheinlicher um den *Kasujju*, der Premierminister und immerhin Oberaufseher über die Söhne des *Kabaka* war.[23] Allerdings bestimmten alle drei Personen den Thronfolger und waren allein aufgrund dieser Tatsache vermutlich Vertrauensleute des *Kabaka*.

Die Hauptstadt (*Kibuga*) mit der Residenz des Kabaka (*Lubiri*) war das politische Zentrum *Bugandas*. Von der *Kibuga* ging ein breit angelegtes Wegenetz aus, das alle Amtsländereien sowie Verwaltungsdistrikte miteinander verband. Am Hof des *Kabaka* lebten seine Frauen, hunderte Pagen, Dienstleute und Sklaven.[24] Das Land war in 10 Distrikte eingeteilt, die in mehrere Unterdistrikte unterteilt waren. Jeder Verwaltungseinheit stand ein vom *Kabaka* eingesetzter Beamter vor. Diese hatten wie die *clan-heads/Bataka* und die Verwalter der *Batongole-* und *Bakungu*-Ländereien die Anweisungen des *Kabakas* und/oder ihrer Landesherren unverzüglich auszuführen. Aufgabe der *Batongole* und *Bakungu* war es, die Infrastruktur des Landes aufrecht zu erhalten und die Residenz des *Kabakas* zu versorgen. Zu diesem Zweck mussten die Bauern, die auf den Amtsländern lebten, einen Teil ihrer Abgaben in Arbeitszeit leisten.[25] Diesem System konnten sich die Bauern nicht entziehen. Allerdings konnten sie jederzeit ihren Landesherren verlassen und bei einem anderen Adligen unterkommen. Hierin lag auch der Unterschied zu einem Sklaven, von denen es jedoch nur wenige männliche gab. Dies hatte seine Ursache in der Bedeutung der Frau in der *Baganda*-Gesellschaft: ihre Aufgabe war der Anbau der aus Südasien stammenden Banane, die sich aufgrund ihrer

---

[21] Rusch, Walter: Ebenda, S. 327.
[22] Füsser, Wilhelm-Karl: Rebellion, S. 51f.
[23] Rusch, Walter: Ebenda, S. 232f.
[24] Füsser, Wilhelm-Karl: Rebellion, S. 50.

ganzjährigen Anbaufähigkeit zum Grundnahrungsmittel der *Baganda* entwickelte. Somit konnten „*[...] auch die nicht in der Landwirtschaft Tätigen in größerer Zahl versorgt werden [...]*"[26]

4. Uneingeschränkte Macht des Kabaka

Anfang des 18. Jahrhunderts begann *Buganda* in immer stärker werdendem Maße mit ausgedehnten Raub- und Eroberungszügen in Nachbarländer.[27] Gestützt auf eine gut organisierte Flotte und Heer deckten die *Baganda* somit ihren Bedarf an Rohstoffen wie Salz und Eisen, aber auch an Frauen. So sollen in *Buganda* dreieinhalb mehr Frauen als Männer gelebt haben.[28] Bis Mitte des 19. Jahrhunderts hatte *Buganda* sein Staatsgebiet erheblich ausgedehnt und alle umliegenden Länder tributpflichtig gemacht.[29] Mit jedem neu gewonnenen Territorium wurden neue Posten und Ämter geschaffen, deren Besetzung vom *Kabaka* abhängig war. So gelang es ihm nach und nach die Macht der *Bataka* zu brechen, bis er im 19. Jahrhundert uneingeschränkter Herrscher *Bugandas* wurde.[30] Der *Kabaka* war nun Staatschef, Heerführer und oberster Richter. Mit einer Verfügungsgewalt über das Land und seine Bewohner war er zugleich Herr über Leben und Tod.[31]

Der Adel versuchte durch die Entsendung seiner Söhne als Pagen an den Hof des *Kabakas* Privilegien zu sichern[32] und, da die Pagen zur künftigen Führungsschicht des Landes erzogen wurden, Ämter und Posten innerhalb ihrer *lineages* zu erhalten. Sie konnten jedoch nicht verhindern, dass der *Kabaka* selbst die Wahl der *Bataka* beeinflusste. So mussten im Rahmen der Initiations-Riten die neugewählten *Bataka* der *clans*, *lineages* und *sub-lineages* dem *Kabaka* vorgestellt werden, der die Wahl ablehnen und die Wahl eines anderen Erbberechtigten verlangen konnte. Dies gab ihm die Möglichkeit, Oppositionelle von vornherein auszuschließen.[33]

---

[25] Füsser, Wilhelm-Karl: Sklaverei, S. 122 und Rusch, Walter: Ebenda, S. 326.
[26] Bley, Helmut: Konflikte vorprogrammiert: Geschichte Ugandas, in: Journal für Geschichte 1, H. 2, 1979.
[27] Füsser, Wilhelm-Karl: Rebellion, S. 34.
[28] Bley, Helmut: Ebenda, S. 19.
[29] Füsser, Wilhelm-Karl: Rebellion, S. 35 und Rusch, Walter: Ebenda, S. 329.
[30] Füsser, Wilhelm-Karl: Rebellion, S. 37 und Rusch, Walter: Ebenda, S. 327.
[31] Füsser, Wilhelm-Karl: Rebellion, S. 37.
[32] Büttner, Thea: Afrika, Geschichte von den Anfängen bis zur Gegenwart, Köln 1979, S. 219.

5. Handel mit den Arabern

In der Mitte des 18. Jahrhunderts kam es zu ersten noch indirekten Kontakten mit dem ostafrikanischen Küstenhandel. Erst unter *Kabaka Suna II* kam es um das Jahr 1850 zu direkten Kontakten mit arabischen Händlern, die mit dem *Kabaka* persönlich handelten.[34] Erst wenn er seine Geschäfte abgewickelt hatte, durften die Händler ihre restlichen Waren auch dem Adel des Landes anbieten. Die wichtigsten Handelsgüter waren Perlen, Glasprodukte, Spiegel, Uhren und Baumwollstoffe, Muschelgeld und besonders Schusswaffen im Austausch für Sklaven und Elfenbein.[35]

Durch seine militärische Macht schützte der *Kabaka* sein Handelsmonopol und verbot den muslimischen Händlern aus *Zanzibar* sogar Handel mit den Nachbarstaaten zu treiben, weil man fürchtete, die Hegemonialstellung in der Region zu verlieren. Besonders der Erbfeind *Bunyoro* sollte nicht in den Besitz von Feuerwaffen gelangen, um nicht zu einer ernsten Bedrohung für *Buganda* zu werden.[36]

---

[33] Füsser, Wilhelm-Karl: Rebellion, S. 35.
[34] Kiwanuka, Semakula: Ebenda, S. 167.
[35] Füsser, Wilhelm-Karl: Sklaverei, S. 132f.
[36] Büttner, Thea: Ebenda, S. 218, Bley, Helmut: Ebenda, S. 20 und Füsser, Wilhelm-Karl: Sklaverei, S. 132.

Teil II: Kampf des Adels gegen den König

1. Kabaka Mutesa: Beginn des königlichen Machtverfalls

Mit der Inthronisierung des *Kabaka Mutesa* im Oktober 1856 sollte für die *Baganda* ein neues Zeitalter anbrechen.[37] *Mutesa* war der letzte absolutistische Herrscher über das Königreich *Buganda*. Bereits am Ende seiner Herrschaft zeichnete sich der Beginn einer völligen Umstrukturierung der gesellschaftlichen und politischen Strukturen des Landes ab, was den unweigerlichen Machtverlust des Thronnachfolgers *Mwanga* zur Folge hatte.

Nachdem *Mutesa* seine Macht gesichert hatte, indem er sich gegen seinen Rivalen Prinz *Kajumba* durchgesetzt hatte und 63 potentielle Thronerben hinrichten ließ, öffnete er sein Land wieder für den Handel mit den Arabern aus *Zanzibar*. Diese waren ab 1860 ständig am Hofe des *Kabakas* präsent.[38]

In den 1860er Jahren stellte *Mutesa* ein stehendes Heer auf. Oberbefehlshaber wurde der *Mujasi*, der den Rang eines hohen Distriktverwalters bekam und die Organisation der Leibwache des *Kabaka* übernahm. Die Soldaten waren in jedem Distrikt stationiert und bekamen Land anstelle von Sold. Mit der mit Gewehren ausgerüsteten Leibwache schuf *Mutesa* sich ein starkes Machtinstrument, um den Adel zusätzlich zu kontrollieren.[39]

Im Jahr 1862 kamen die ersten Weißen nach *Buganda*.[40] Es waren die Afrikareisenden *John Hanning Speke* und *James Grant*, die auf der Suche nach der Quelle des Nils einige Zeit am Hofe *Mutesas* verweilten.[41] In den folgenden Jahren nahmen zunächst jedoch die arabischen Händler Einfluss auf *Mutesa*. Sie dienten ihm als Schreiber und Übersetzer, lehrten ihn arabisch und nahmen selbst auf seine Kleidungsgewohnheiten und Bräuche Einfluss. Natürlich war *Mutesa* aktiv an dieser Entwicklung beteiligt, denn er wollte zum einen die Araber aufgrund ihrer Fähigkeiten an seinen Hof binden und zum anderen sie von einem Handel mit *Bunyoro* abhalten. So ist es nicht verwunderlich, dass die Araber Untertanen des *Kabaka* wurden und sogar zu Amtsträgern ernannt wurden. Der *Kabaka*

---

[37] Kiwanuka, Semakula: Ebenda, S. 155.
[38] Ebenda, S. 156 und Füsser, Wilhelm-Karl: Rebellion, S. 93.
[39] Füsser, Wilhelm-Karl: Rebellion, S. 95.
[40] Kiwanuka, Semakula: Ebenda, S. 157.
[41] Buss, Robin, Speke, John Hanning und Solnick, Bruce B.: Exploration, Land Explorations, Africa, in: The Academic American Encyclopedia (Electronic Version), Grolier, Inc., Danbury, CT. 1992.

verordnete um 1869 seinen Untertanen den Islam und ließ eine Moschee im Zentralbereich seines Palastes bauen.[42] Für diese Moschee schuf er ein eigenes Ministerium.

Einige Jahre später kam es jedoch zum ersten großen Konflikt zwischen *Mutesa* und den Moslems: ab 1870 kamen ehemalige Soldaten aus Ägypten, die in die Leibwache des *Kabaka* integriert wurden. Auch moslemische Händler aus *Khartoum* ließ *Mutesa* nach *Buganda*, die den *Kabaka* darauf hinwiesen, *„[...] dass nur derjenige die Gebete leiten dürfe, der selbst beschnitten sei [...]"*[43] Weil *Mutesa* aus traditionellen Gründen das islamische Beschneidungsritual aber ablehnte, verweigerten die Pagen und die sog. *reader* (Pagen, die lesen und schreiben konnten) ihre Teilnahme an von *Mutesa* geleiteten Gebetsstunden. Aufgrund dieser Gehorsamsverweigerung gegenüber dem *Kabaka* ließ *Mutesa* alle jene, die sich weigerten, verbrennen.[44]

Im April 1875 kam Sir *Henry Morton Stanley*, ein britisch-amerikanischer Journalist und Abenteurer, an den Hof *Mutesas*.[45] Da *Buganda* seit einigen Jahren durch die Expansionsversuche Ägyptens stark gefährdet war, nahm *Mutesa* die Empfehlung *Stanleys* an, christliche Missionare einzuladen, somit Kontakte zu mächtigen europäischen Staaten herzustellen und dadurch die notwendige Rückendeckung gegenüber Ägypten zu haben.[46] Im Jahr 1877 gelangten die ersten anglikanischen Missionare der *Church Mission Society* (C. M. S.) nach *Buganda*.[47] Sie lehrten dem *Kabaka* die lateinische Schrift und die Gebote der Bibel während der Audienzen, an denen auch der anwesende Adel sowie etliche Pagen teilnahmen. Dieser Unterricht war jedoch auf den Palast beschränkt und *Mutesa* verbot jedem näheren Kontakt zu den Missionaren.[48]

Als im Jahr 1879 auch die katholischen *White Fathers* aus Frankreich *Buganda* besuchten, hob *Mutesa* wenig später das Verbot auf, die Missionare aufzusuchen.[49] Er erlaubte sogar den Unterricht in den Missionsschulen, an dem viele Pagen teilnahmen. Genau wie im Handel versuchte *Mutesa* zunächst die Fähigkeiten der Missionare für sich allein in Anspruch zu nehmen und begrenzte deshalb ihre Aktivitäten auf den Hof. So entstand die für Ost-Afrika einzigartige Situation, dass die verschiedenen Glaubensrichtungen nicht in

---

[42] Füsser, Wilhelm-Karl: Rebellion, S. 95.
[43] Ebenda, S. 96.
[44] Ebenda, S. 97 und Kiwanuka, Semakula: Ebenda, S. 167.
[45] Füsser, Wilhelm-Karl: Rebellion, S. 99 und Rotberg, Robert I., Stanley: Sir Henry Morton, in: The Academic American Encyclopedia (Electronic Version), Grolier, Inc., Danbury, CT. 1992.
[46] Bley, Helmut: Ebenda, S. 21.
[47] Kiwanuka, Semakula: Ebenda, S. 170.
[48] Füsser, Wilhelm-Karl: Rebellion, S. 101.

voneinander abgegrenzten Gebieten ihre Missiontätigkeit vornehmen konnten.[50] Die religiöse Rivalität entfaltete sich somit direkt am Hof des *Kabaka*. Überdies führte die Uneinheitlichkeit der christlichen Lehre zu großer Verwirrung bei Hof.[51]

Auf der einen Seite war es dem Kabaka somit möglich, die gesamte Führungselite des Landes, einschließlich der Missionare und Araber, zu kontrollieren, auf der anderen Seite überließ er dem Adel jedoch die freie Wahl der Glaubensrichtung. Während die Araber die Eckpfeiler der bagandischen Gesellschaft, nämlich Polygamie und Sklaverei, nicht angetastet haben, sondern sich weitestgehend in die Gesellschaft integrierten, nutzten die christlichen Missionare ihren wachsenden Einfluss auf die spätere Führungsschicht, die Pagen, um die Gebote der Bibel durchzusetzen. Dadurch gelang es den Missionaren, den absolutistischen Herrschaftsanspruch des *Kabaka* bei den Pagen zu unterminieren und, was weitaus schwerer wog, die Autorität des *Kabaka* auf sie selber zu übertragen.[52] Jedoch kann man sagen, dass *Mutesa* an dieser Entwicklung nicht ganz unschuldig war, hatte er doch gegen die „rebellischen" Pagen nicht konsequent durchgegriffen, wie er es einige Jahre zuvor noch getan hatte. Möglicherweise ist *Mutesas* Unentschlossenheit auf dessen fortlaufende Erkrankung zurückzuführen, die schließlich zu seinem Tod im Jahr 1884 führte.[53]

2. Mwanga und die Adelskriege

Nachfolger *Mutesas* wurde sein knapp 20 Jahre alter Sohn *Mwanga*, dessen Thronfolge sich ohne größere Konflikte vollzog. Mittlerweile hatten sich jedoch auf Basis der Religionen - Moslems, Protestanten, Katholiken und Anhänger der *Kiganda*-Religion - innerhalb des Adels vier politische Interessensgruppen herausgebildet. Insbesondere die Polarisierung der jüngeren Amtsträger und Pagen war dem alten Adel ein Dorn im Auge.[54]

Im Rahmen der europäischen Penetration in Afrika versuchten die aufgebrachten Araber *Mwanga* gegen die Weißen aufzuwiegeln. Es gelang jedoch dem christenfeindlichen *Katikiro Mukasa* und adligen Anhängern der *Kiganda*-Religion, Einfluss auf den *Kabaka*

---

[49] Kiwanuka, Semakula: Ebenda, S. 170.
[50] Füsser, Wilhelm-Karl: Rebellion, S. 104.
[51] Ebenda, S. 103.
[52] Ebenda, S. 143ff.
[53] Kiwanuka, Semakula: Ebenda, S. 186.
[54] Füsser, Wilhelm-Karl: Rebellion, S. 108.

zu nehmen.[55] Sympathisierte der junge *Kabaka* zunächst noch mit den Konvertiten - die größtenteils in seinem Alter waren -, hat er dann jedoch aufgrund der Intrigen ihre Loyalität in Zweifel gezogen: sie waren „[...] *in den Augen des Kabaka zu Verrätern der Autonomie Bugandas und seines Herrschers geworden.* "[56]

Im Januar 1885 ließ *Mwanga* drei Schüler der protestantischen Mission hinrichten, weil zwei von ihnen angeblich mit dem Missionar *Mackay* unerlaubt das Land verlassen wollten.[57] Im Herbst ließ *Mwanga* den anglikanischen Bischof für Ost-Afrika, *Hannington*, der sich auf dem Weg nach *Buganda* befand, in *Busoga* ermorden.[58] Gleichzeitig verbot *Mwanga* den Besuch der Missionsschulen. Die *reader* widersetzten sich jedoch diesem Befehl und besuchten die Missionare nun bei Nacht. So entstand quasi eine Untergrundbewegung mit einem System geheimer Verbindungen und Fluchtwege. Ihren Höhepunkt erreichte die Christenverfolgung mit der Hinrichtung von 32 Pagen bei Hof im Mai 1886:[59] die Pagen hatten sich geweigert, an homosexuellen Praktiken teilzunehmen. Als *Mwanga* bewusst wurde, dass er mit den Pagen auch den politischen Nachwuchs eliminierte, rehabilitierte er die Überlebenden und gab ihnen bedeutende Ämter.[60]

Eine Erklärung für Mwangas verwirrendes Verhalten findet man bei *Kiwanuka*:[61] Danach sollen eine Reihe von Katastrophen an seinem Verhalten Schuld gewesen sein: kurz nach seiner Inthronisierung soll eine Epidemie die Hauptstadt heimgesucht haben, der viele seiner

chiefs und Frauen zum Opfer gefallen sind; er ließ eine neue Hauptstadt bauen, die nach ihrer Fertigstellung einer großen Feuersbrunst zum Opfer fiel; eine Sonnenfinsternis nahmen die Araber zum Anlass, großes Unglück vorherzusagen; unterdessen brannte der Palast der Queen-Mutter sowie 25 Häuser ab; gleichzeitig kenterte *Mwangas* Handelsschiff; auch auf militärischem Gebiet gab es nur Niederlagen, so eine große Niederlage gegen *Bunyoro*, bei der auch der bagandische General getötet wurde; *Mwanga* wurden die Aktionen der Europäer in Ost-Afrika zugetragen sowie die bevorstehende Ankunft des Bischofs *Hannington* aus Richtung *Busoga*: *Busoga* wurde aber als die Hintertür *Bugandas* bezeichnet. In der *Kiganda*-Gesellschaft war jeder, der ein Haus durch

---

[55] Kiwanuka, Semakula: Ebenda, S. 194f.
[56] Füsser, Wilhelm-Karl: Rebellion, S. 109.
[57] Ebenda, S. 109.
[58] Ebenda, S. 110.
[59] Ebenda, S. 110.
[60] Kiwanuka, Semakula: Ebenda, S. 198.
[61] Ebenda, S. 195f.

die Hintertür betrat entweder ein guter Freund oder ein Feind. Da Bischof *Hannington* kein guter Freund von *Mwanga* war, gab er den Befehl diesen zu töten.

Zweifelsohne werden diese Katastrophen den jungen *Mwanga* politisch beeinflusst haben, dennoch ist seine Handlungsweise nicht von übertriebenem Aberglauben geprägt, sondern weist eine gewisse politische Weitsicht auf. So ist auch die verwirrende Rehabilitierung der Konvertiten darauf zurückzuführen, dass *Mwanga* sich ein nur ihm ergebenen Verwaltungsstab schaffen wollte, um sich somit der Bevormundung des alten Adels zu entziehen.[62] Er schuf ein stehendes Heer aus vier großen, mit Gewehren bewaffneten Regimentern, deren Anführer, zwei Moslems sowie ein Katholik und ein Protestant, als *Batongole* auch Ländereien bekamen. Tausende von jungen Männern strömten mit ihren Waffen zu den neuen Amtsinhabern, so dass sich auf deren *Bitongole* im Jahr 1888 rund 100.000 junge Männer befanden.[63]

Die Folge war, dass der alte Adel seine Gefolgsleute und somit seine Macht verlor. Da die vier *Bitongole* kein traditionelles Amtsland mit ansässigen Bauern waren, musste der Unterhalt der Soldaten über Geschenke des *Kabaka* oder mittels Raubzüge gesichert werden. War es einst Tradition, dass der *Kabaka* bei Amtseintritt eine Reise durch sein Land unternahm, bei dem die Bevölkerung Abgaben zu entrichten hatte, kam es nun unter *Mwanga* zu großen Raubzügen. So plünderten die Regimenter des Königs das Land aus, ohne Rücksicht auf den alten Adel, Tempel der Götter und sogar Mitglieder des Königshauses zu nehmen.[64] Ferner verstieß *Mwanga* gegen geltendes Recht und Tradition, als er Kriegsbeute nicht selber oder durch den kriegführenden General verteilte, sondern irgendeinen seiner Günstlinge für diese Aufgabe ernannte.

Zum endgültigen Bruch zwischen altem Adel und *Kabaka* kam es, als *Mwanga* selbst von ihnen verlangte, sich mit körperlicher Arbeit an der Aushebung eines Sees zu beteiligen.[65] Außerdem setzte er seine Günstlinge, junge Pagen, für die Überwachung der Arbeiten ein. Diese Oberaufseher hatten die Macht über Leben und Tod der Arbeiter und durften Nachlässigkeiten oder Verstöße umgehend ahnden.[66]

Die alte Führungsschicht hatte dem *Kabaka* und seinem Heer nichts entgegen zu stellen. Ohne Macht, lediglich mit bedeutungslosen Titeln ausgestattet, waren sie zwar wahrscheinlich auch mit Waffen ausgerüstet, aber „*[...] they were like generals without*

---

[62] Füsser, Wilhelm-Karl: Rebellion, S. 111.
[63] Kiwanuka, Semakula: Ebenda, S. 199.
[64] Füsser, Wilhelm-Karl: Rebellion, S. 112f.
[65] Ebenda, S. 113.

armies because their followers had joined the Bitongole of the young chiefs. "[67] Die einzige Möglichkeit die den alten *chiefs* verblieb, war einen Keil zwischen *Kabaka* und die *reader* zu treiben. So versuchte der alte Adel die verschiedenen Aktivitäten der Europäer in Ost-Afrika gegen die *reader* einzusetzen und abermals auf die Gefahr des Verrats an die europäischen Mächte hinzuweisen. Das Misstrauen *Mwangas* wurde geweckt und es kam auch immer mehr zur offenen Brüskierung seiner Befehle. Schließlich versuchte *Mwanga* die *reader* aller fremden Religionen, einschließlich der vier Regimenter, deren Anführern sowie die Missionare loszuwerden. Er wollte sie im Rahmen einer Plünderungsaktion am 9. September 1888 auf einer Insel im Viktoria-See aussetzen und verhungern lassen.[68] Der Plan wurde jedoch bekannt und bereits am 10. September stürzten alle drei religiösen Gruppen den *Kabaka Mwanga*, der ans Südende des Viktoria-Sees flüchtete.[69] Sie setzten wider aller Tradition *Mutesas* ältesten Sohn *Kiwewa* auf den Thron.

Auf die Verteilung der Macht hatte *Kiwewa* jedoch keinen Einfluss mehr, vielmehr wurden die Posten und Ämter von einer Adels-Oligarchie vergeben und Regimenter abgebaut.[70] Wenige Wochen später kam es jedoch zum Bürgerkrieg zwischen Moslems und Christen, weil man sich über eine Machtverteilung nicht einigen konnte. Zudem waren die Ziele der Moslems und Christen zu unterschiedlich, um eine friedfertige Lösung zu finden: die Moslems wollten *Buganda* in die islamische Welt einbinden, während die Christen Anschluss an die Europäer suchten.[71] Die Christen wurden zunächst vertrieben und flüchteten nach *Ankole* und an das Südende des Victoria-Sees.

Unterdessen wollten die Muslime den *Kabaka Kiwewa* zum Beschneidungsritual zwingen. *Kiwewa* tendierte aber eher zur *Kiganda*-Religion und plante daraufhin alle muslimischen Führer töten zu lassen. Bei einer Audienz mit führenden Amtsträgern tötete er persönlich zwei von ihnen, wurde aber zur Flucht gezwungen und später gefangengenommen.[72]

Prinz *Kalema*, der das Beschneidungsritual akzeptierte, wurde der erste muslimische *Kabaka*. Die Christen versuchten unterdessen mit einem legitimen Nachfolger des *Kabaka*, sprich einem *princes of the drums*, die Machtübernahme *Bugandas* vorzubereiten. Doch *Kalema* kam dieser Absicht zuvor, indem er ein Massaker an allen Prinzen und

---

[66] Kiwanuka, Semakula: Ebenda, S. 200.
[67] Ebenda, S. 201.
[68] Mwanzi, H. A.: African initiatives and resistance in East Africa 1880-1914, in: General History of Africa, Bd. VII, Unesco 1985.
[69] Füsser, Wilhelm-Karl: Rebellion, S. 115.
[70] Ebenda, S. 154.
[71] Ebenda, S. 155.
[72] Ebenda, S. 116.

Prinzessinnen befahl. Den Christen blieb somit nur eine Allianz mit *Mwanga* übrig.[73] Nach einer ersten Niederlage gelang es den Christen mit Unterstützung durch den Waffenhändler *Charles Stokes* - ein ehemaliger protestantischer Missionar - und nach einer Reihe erfolgreicher Schlachten am 5. Oktober 1889 die Hauptstadt *Mengo* zu erobern.[74] Die Moslems flohen nach *Bunyoro*. Jedoch im November gelang es ihnen, die Christen erneut in die Flucht zu schlagen. Im Februar 1890 konnten die Christen in einer letzten Schlacht die Auseinandersetzung für sich entscheiden und *Kalema* diesmal endgültig nach *Bunyoro* vertreiben.[75]

Nun kam es jedoch zu einer Auseinandersetzung zwischen den Katholiken und Protestanten. Als sich *Kabaka Mwanga* offen zum Katholizismus bekannte, unterzeichneten die Protestanten einen Vertrag mit der *Imperial British East African Company* (I. B. E. A. Co.), wodurch sie zur stärksten politischen Macht in *Buganda* wurden; es kam erneut zum Bürgerkrieg. Diesmal hieß es: Protestanten und *I. B. E. A. Co.* mit sudanesischen Söldnertruppen und Maschinengewehren gegen *Kabaka Mwanga*, Katholiken, Muslime und Anhänger der *Baganda*-Religion. Die protestantische Minderheit konnte sich durchsetzen. Als die *I. B. E. A. Co.* jedoch bankrott gegangen war und sich aus *Buganda* zurückziehen musste, gelang es der vereinigten Missions- und Wirtschaftslobby durch politischen Druck die britische Regierung zur Erklärung des Protektorats über *Buganda* zu bewegen:[76] 1894 wurde *Buganda* zum britischen Protektorat Uganda erklärt.

Kabaka Mwanga wurde 1897 vom kolonialen Regime abgesetzt und sein nur einjähriger Sohn *Daudi Cwa II* am 14. August 1897 zum *Kabaka* ernannt. Die Briten setzten drei Regenten ein: *Kaggwa* und *Kisingiri* (Protestanten) sowie *Mugwanya* (Katholik). Das *The Deposition Council* bestand aus 21 Protestanten und *Mugwanya* als einzigem Katholiken.[77] *Kabaka Mwanga* und seine Leute führten indes einen Guerilla-Krieg gegen das koloniale Regime, bis sie im Jahre 1899 besiegt wurden und *Mwanga* ins Exil auf die *Seychellen* ging.[78]

Das Uganda-Agreement von 1900 wandelte die Amtsländereien in erblichen Privatbesitz um, das der Inhaber bei Verlust seines Amtes nicht - wie früher - verlieren konnte.[79]

---

[73] Kiwanuka, Semakula: Ebenda, S. 213f.
[74] Füsser, Wilhelm-Karl: Rebellion, S. 117.
[75] Ebenda, S. 115.
[76] Bley, Helmut: Ebenda, S. 23.
[77] Kiwanuka, Semakula: Ebenda, S. 251.
[78] Ebenda, S. 252 und Mwanzi, H. A.: Ebenda, S. 161.

Die wesentlichen politischen und richterlichen Rechte des *Kabaka* wurden unter britische Kontrolle gestellt.[80] Viele der kolonialen Administratoren in *Uganda* waren *Baganda*; und gerade diese Tatsache schürte den Hass der nicht-bagandischen Bevölkerung auf die *Baganda*. Dies sollte in *Uganda* in den kommenden Jahren viele politische Probleme bereiten.[81]

---

[79] Füsser, Wilhelm-Karl: Sklaverei, S. 136.
[80] Bley, Helmut: Ebenda, S. 23.
[81] Mwanzi, H. A.: Ebenda, S. 162.

Literaturverzeichnis

Bley, Helmut: Konflikte vorprogrammiert: Geschichte Ugandas, in: Journal für Geschichte 1, H. 2, 1979.

Büttner, Thea: Afrika, Geschichte von den Anfängen bis zur Gegenwart, Köln 1979.

Buss, Robin, Speke, John Hanning und Solnick, Bruce B.: Exploration, Land Explorations, Africa, in: The Academic American Encyclopedia (Electronic Version), Grolier, Inc., Danbury, CT. 1992.

Füsser, Wilhelm-Karl: Vorkoloniale Gesellschaftsstrukturen und Sklaverei: das Beispiel Buganda, in: Dillmann, Bley, u. a.: Sklaverei in Afrika, Bd. 2, Pfaffenweiler 1991.

Füsser, Wilhelm-Karl: Rebellion in Buganda. Eine Staatskrise im vorkolonialen Ostafrika, Bd. II, Bibliothek Afrikanische Geschichte, 1. Auflage, Hamburg 1989.

Kasfir, Nelson: Uganda, in: The Academic American Encyclopedia (Electronic Version), Grolier, Inc., Danbury, CT., 1992

Kiwanuka, Semakula: A history of Buganda. From the foundation of the kingdom to 1900, London 1971.

Mwanzi, H. A.: African initiatives and resistance in East Africa 1880-1914, in: General History of Africa, Bd. VII, Unesco 1985.

Rotberg, Robert I., Stanley: Sir Henry Morton, in: The Academic American Encyclopedia (Electronic Version), Grolier, Inc., Danbury, CT. 1992.

Rusch, Walter: Klassen und Staat in Buganda vor der Kolonialzeit, Berlin (Ost) 1975.